BEI GRIN MACHT SICH IHR WISSEN BEZAHLT

- Wir veröffentlichen Ihre Hausarbeit, Bachelor- und Masterarbeit

- Ihr eigenes eBook und Buch - weltweit in allen wichtigen Shops

- Verdienen Sie an jedem Verkauf

Jetzt bei www.GRIN.com hochladen und kostenlos publizieren

Bibliografische Information der Deutschen Nationalbibliothek:

Die Deutsche Bibliothek verzeichnet diese Publikation in der Deutschen National-
bibliografie; detaillierte bibliografische Daten sind im Internet über http://dnb.d-
nb.de/ abrufbar.

Impressum:

Copyright © 2018 GRIN Verlag
Druck und Bindung: Books on Demand GmbH, Norderstedt Germany
ISBN: 9783346109545

Dieses Buch bei GRIN:

https://www.grin.com/document/510516

S.-M. T.

Planung eines kraftorientierten Workouts-Kurses ohne Zusatzgeräte

GRIN Verlag

GRIN - Your knowledge has value

Der GRIN Verlag publiziert seit 1998 wissenschaftliche Arbeiten von Studenten, Hochschullehrern und anderen Akademikern als eBook und gedrucktes Buch. Die Verlagswebsite www.grin.com ist die ideale Plattform zur Veröffentlichung von Hausarbeiten, Abschlussarbeiten, wissenschaftlichen Aufsätzen, Dissertationen und Fachbüchern.

Besuchen Sie uns im Internet:

http://www.grin.com/

http://www.facebook.com/grincom

http://www.twitter.com/grin_com

Deutsche Hochschule für

Prävention und Gesundheitsmanagement

Hermann Neuberger Sportschule 3

66123 Saarbrücken

Einsendeaufgabe

Fachmodul: Gruppentraining 3

Studiengang: Bachelor of Arts Fitnesstraining

Datum

Präsenzphase   **19.11.2018-22.11.2018**

Studienort: **Frankfurt - Eschborn Süd**

Semester: **WS 16**

Inhaltsverzeichnis

1 Planung eines kraftorientierten Workout-Kurses

1.1 Schwerpunkt des Kurses

Allgemeines Ziel des Kursworkouts ist eine Verbesserung der Kraftausdauerleistung der Hauptmuskelgruppen, durchführbar nur mit dem Körpergewicht und einer Gymnastikmatte.

Alle Hauptmuskelgruppen werden trainiert, der Schwerpunkt dieser Stunde wurde auf den Rücken gelegt. Dazu gehört in der folgenden Stunde die gesamte rückseitige Rumpfmuskulatur und auch der obere Rücken. Die genauen Muskelgruppen zu den jeweiligen Übungen sind der Tabelle 4 in Kapitel 1.3 zu entnehmen.

Ausgeführt werden die Übungen sowohl statisch als auch dynamisch, um das ganze Programm alltagsnah zu halten. Oft wird die Rückenmuskulatur beim Drehen oder Heben von Dingen benötigt (dynamisch) oder gerade der untere Rückenbereich zu Stabilisation der Haltung (statisch).

Vorteile eines starken Rückens machen sich im Alltag durch eine bessere Haltung und Schmerzfreiheit auch bei längerem Sitzen oder Stehen bemerkbar. Präventiv wird gegen Bandscheibenvorfälle und viele weitere moderne Beschwerden gewirkt.

1.2 Verwendete Musik

Die verwendete Musik beträgt im Warm-Up 125-130 bpm, da Aerobic Schritte zum Aufwärmen genutzt werden. (CD: Chart Attack Winter 2018)

Im Hauptteil werden motivierende Lieder mit 100- 120 bpm gespielt, um die Übungsausführung gut auf den Takt der Musik abstimmen zu können (Musik von Spotify, siehe Abb. 1 und 2).

Das Cool Down hat 90 bpm oder weniger, um bei den Teilnehmern die Entspannung und den Ausklang der Stunde einleiten zu können. Bei Körperreisen wird kein Beat verwendet und mit ruhiger Stimme gesprochen.

In Kapitel 2 bzw. im Videoanhang wird ein Ausschnitt der Workoutstunde dargestellt, hier ist das Lied "Stronger" von Kanye West mit 100 bpm zu hören.

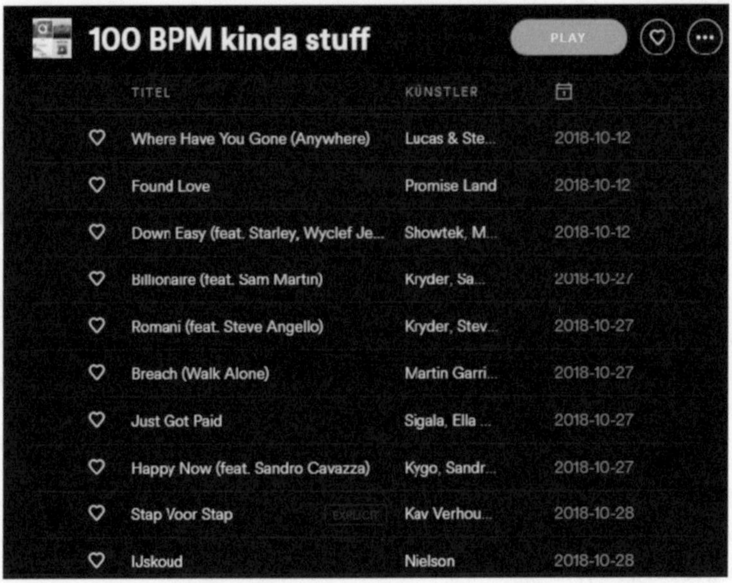

Abb. 1: Workoutmusik mit 100 Beats in der Minute

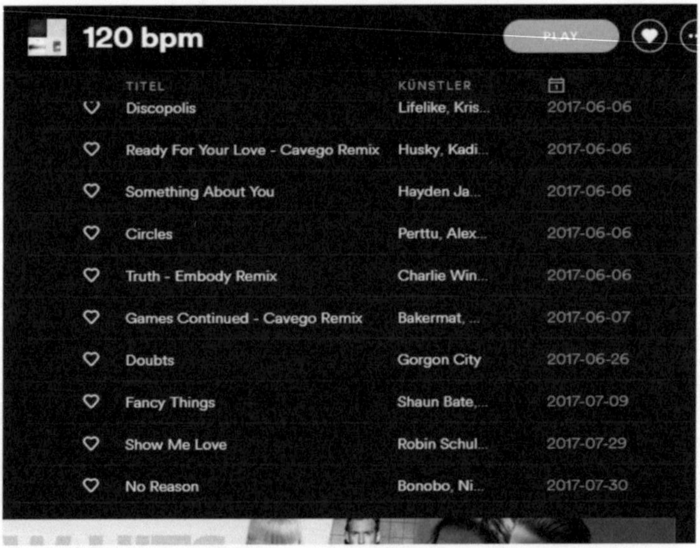

Abb. 2: Workoutmusik mit 120 Beats in der Minute

1.3 Stundenverlauf

Tabelle 1: Einleitung und Warm-Up

Einleitung: 2 Minute, ohne Musik

Begrüßung der Teilnehmer, Nennung der Stundenzielsetzung und allgemeinen Technik-, Trainings- und Sicherheitshinweise, Motivation

Allgemeines Warm-Up: 4 Minuten, mit Musik: 125-130 bpm

Methode: Lineare Progression (LP), Aufstellungsform: Block Aufstellung (auf Lücke)

Ziel der Übung	Übungsbezeichnung/ -beschreibung	Belastungsgefühl ge	Bemerkungen/ Hinweise
1. Vorbereitung des Herz-Kreis-lauf-Systems	Grundstellung + Arme vor dem Körper hochführen, tief einatmen, strecken, Arme über die Seiten wieder senken und ausatmen	3 x jeder in seinem Atemtempo, intensive Streckung	Kontrollierte, große Bewegungen (kgB)
2. Mobilisation der großen Gelenke	March re./li. + Walking Arms	64 Zählzeiten, intensiv	Lineare Progression, Schritt beginnt
	March re./li. + Außenrotation	64 Zählzeiten, intensiv	LP, Fuß abrollen, kgB
3. Anregung der Nervenleitge-schwindigkeit	Side to Side re./li. + Außenrotation	64 Zählzeiten, intensiv	LP, kgB
	Side to Side re./li. + Side Lift	64 Zählzeiten, intensiv	LP, kgB
4. Mentale Einstimmung auf die Stunde	Toe Tap Front re./li. + Side Lift	64 Zählzeiten, intensiv	LP, kgB
	Toe Tap Front re./li. + Overhead Press	64 Zählzeiten, intensiv	LP, kgB
	March Out In re./li. + Overhead Press	64 Zählzeiten, intensiv	LP, kgB

Spezielles Warm-Up: 4 Minuten, mit Musik: 125 bpm

Vorbereitung: - der Beinmus-kulatur - der Schulter-muskulatur und -gelenke	Dynamische Ausfallschritte mit frontalem Armheben: - aus der Grundstellung (Tab.4) eine Fuß eine Schrittlänge nach vorne fest aufsetzen - hinteres Knie bis knapp vor dem Boden senken und wieder heben - Oberkörper bleibt dabei aufrecht und mittig - geht das Knie tief, werden die Arme gestreckt über vorne nach oben über den Kopf gehoben - geht das Knie wieder hoch, Arme senken	128 Zählzeiten	- Oberkörper wie einen Fahrstuhl in der Mitte gerade hoch und runter bewegen - Blick dauerhaft geradeaus oder schräg Richtung Boden auf einen Fixpunkt - einatmen beim Tiefgehen - ausatmen beim Hochgehen

Spezielles Warm-Up: 4 Minuten, mit Musik: 125 bpm

Ziel der Übung	Übungsbezeichnung/ -beschreibung	Belastungsgefü- ge	Bemerkungen/ Hinweise
- Vorbereitung der Beinmuskulatur - Mobilisation der Wirbelsäule - fühlen der Rumpfmuskulatur und Stabilität	Breite und tiefe Kniebeugehaltung: - Füße deutlich breiter als Hüfte aufgestellt - Fußspitzen leicht nach außen gedreht - in die Kniebeugeposition (ca 100°) beugen, dort halten - Arme in W-Haltung neben dem Körper - Oberkörper rotiert nach links und rechts	128 Zählzeiten	- Hüfte bleibt mittig - Powerhouse anspannen - gleichmäßig weiteratmen
- Vorbereitung der unteren Rückenmuskulatur	Kreuzheben im Stand: - aus der Grundstellung den Oberkörper mit geradem Rücken nach vorne abkippen - die Arme Richtung Boden führen - aufrichten bis in die Grundstellung - Kopf immer gerade mit leicht angezogenem Kinn	128 Zählzeiten	- mit den Armen erst bis Mitte Schienbein, wer kann bei jeder Wiederholung ein Stück tiefer, aber gerader Rücken
Vorbereitung: - der Bauchmuskulatur - der Armmuskulatur - der Koordinationsfähigkeit und des Gleichgewichtsinns	Abwechselndes Kniehebens mit diagonalem Armeinsatz: - aus der Grundstellung wird der Körperschwerpunkt auf ein Bein verlagert a) - das nicht belastete Bein wird nun angewinkelt im 90° nach hinten b) - Arme seitlich ausgestreckt a) + b) = Startposition - das angewinkelte Knie nach vorne oben Richtung Brust ziehen und die diagonale Hand Richtung Knie ziehen (ähnlich schrägem Crunch) - Bein und Arm zurückführen in Startposition	Pro Seite: 128 Zählzeiten	- Bauchmuskulatur aktiv anspannen - beim Knie anziehen ausatmen und beim Aufrichten einatmen

Tabelle 2: Hauptteil

Hauptteil: 30 Minuten, mit Musik: 100- 120 bpm Ziele: Verbesserung der motorischen Fähigkeit Kraftausdauer (und anteilig Koordination)				
Ziel der Übung	**Übungsbe-zeichnung**	**Übungsbeschrei-bung**	**Belastungs-gefüge**	**Bemerkungen/ Hinweise**
Kräftigung der Oberschenkelmus-kulatur und des Ge-säßes	Kniebeugen im Stand (dynamisch)	- Ausgangsposition ist die Grundstellung (siehe Tab. 4) - dann Kniegelenke dynamisch bis 90°-100° beugen - Gesäß dabei nach hinten schieben - Beine wieder stre-cken und in die Aus-gangsposition zu-rückkommen1- Satz	- 1. Satz: 16 Wiederho-lungen (Wdh.) mit dem Tempo 2-0-2 - 2. Satz: 32 Wdh.,Tem-po 1-0-1 - 1 Musikbogen Pause - 3. Satz: 12 Wdh., Tem-po 4-0-4 - 1 Musikbogen Pause - 4. Satz: 16 Wdh., Tem-po 1-0-1	- Arme beim Tief-gehen nach vor-ne auf Schulter-höhe führen und beim Aufstehen wieder neben den Körper senken - Knie zeigen in dieselbe Richtung wie die Zehen-spitzen - Rücken bleibt gerade
Kräftigung der rück-seitigen Rumpf-muskulatur	Butterfly rever-se im Stand (dynamisch)	- Beine 45° beugen - Hüfte im rechten Winkel - Arme in U-Haltung neben den Kopf - dynamisch aus die-ser Position die Arme und Schulter-blätter in Richtung Wirbelsäule ziehen und wieder lösen	10 Musikbögen lang variieren zwischen: - 2 ZZ ziehen und 2 ZZ lösen - 3 ZZ ziehen und 1 ZZ lösen - 4 ZZ ziehen und 4 ZZ lösen	- Körper bleibt stabil - nur die Arme und Schultern be-wegen sich - bewusst den oberen Teil des Rückens anspan-nen, beim nach hinten ziehen
Kräftigung der un-teren Rumpfmus-kulatur	Wirbelsäulen-rotation im Kniestand (dynamisch)	- Knie parallel, Füße abgelegt (nicht auf-gestellt), Beine und Oberkörper (OK) ab Knien aufgerichtet über dem Kniege-lenk - Hände an die Schläfen - Ellenbogen zeigen nach außen - OK mit geradem Rücken 30- 45° nach vorne beugen - OK bis zur maxi-malen Endposition zur Seite rotieren - zurück in die Aus-gangsposition und zur anderen Seite	10 Musikbögen lang variieren zwischen: - 2 ZZ nach au-ßen rotieren und 2 ZZ wie-der zur Mitte - 4 ZZ nach au-ßen rotieren und 4 ZZ wie-der zur Mitte	- Vom Stand rückengerecht in den Kniestand begeben - Blick schräg Richtung Boden, sodass die Hals-wirbelsäule in ih-rer natürlichen Position bleibt - gleichmäßig weiteratmen

Hauptteil: 30 Minuten, mit Musik: 100- 120 bpm
Ziele: Verbesserung der motorischen Fähigkeit Kraftausdauer (und anteilig Koordination)

Ziel der Übung	Übungsbe-zeichnung	Übungsbeschrei-bung	Belastungs-gefüge	Bemerkungen/ Hinweise
Kräftigung der Ge-säß- und rückseiti-gen Rumpfmus-kulatur	Vierfüßler-Stand: diago-nales Arm und Beinheben (dynamisch)	- ein Bein vom Bo-den abheben und mit gestrecktem Kniegelenk nach hin-ten ausstrecken (in Verlängerung des Rückens) - den diagonalen Arm in Verlängerung des Rückens nach vorne ausstrecken - Arm und Bein beu-gen und unter dem Bauch Knie- und El-lenbogengelenk zu-sammenführen (ma-ximale Beugung) - wieder in Aus-gangsposition stre-cken und wiederho-len	10 Musikbögen lang variieren zwischen: - 2 ZZ heben und 2 ZZ sen-ken - 4 ZZ heben und 4 ZZ sen-ken	- vom Kniestand nach vorne auf die Hände bege-ben - Schultern blei-ben parallel - beim Heben ausatmen, beim Senken einatmen - Powerhouse an-spannen, kein Hohlkreuz - Blick bleibt in Richtung Boden gesenkt
Kräftigung der Brustmuskulatur	Liegestütz (oder Gesund-heitsliegestütz auf den Knien) (dynamisch)	- Start: Liegestützpo-sition - Beine sind ge-streckt - Oberkörper auf Händen abgestützt - Hände unter den Schultern - Ellenbogen minimal gebeugt - Ellenbogengelenke beugen bis Körper knapp über dem Bo-den und wieder stre-cken	10 Musikbögen lang variieren zwischen: - 1 ZZ hoch und 1 ZZ tief - 1 ZZ tief und 3 ZZ hoch - 3 ZZ hoch und 2 ZZ tief	- Hüfte bleibt ge-streckt - Rumpf ange-spannt und eine Linie - Richtung Boden einatmen, beim Hochdrücken ausatmen
Kräftigung der ge-raden Bauchmus-kulatur (Stabilisati-on des gesamten Körpers)	Unterarmstütz (Basic) (statisch)	- Start in Bauchlage - Ellenbogen unter Schulter positionie-ren - Unterarme liegen auf dem Boden auf - Füße sind nach hinten gestreckt und aufgestellt - Rumpfmuskulatur fest anspannen und Becken und Knie vom Boden abheben und in dieser Positi-on halten	4 Musikbögen lang halten - je nach Teil-nehmer kurze Pause nach 2 Musikbögen einfügen	- Rücken und Beine eine Linie - Powerhouse fest - Blick Richtung Boden - gesamter Kör-per bildet eine Li-nie

Hauptteil: 30 Minuten, mit Musik: 100- 120 bpm
Ziele: Verbesserung der motorischen Fähigkeit Kraftausdauer (und anteilig Koordination)

Ziel der Übung	Übungsbezeichnung	Übungsbeschreibung	Belastungsgefüge	Bemerkungen/ Hinweise
Variation zum Basic	Unterarmstütz mit Handtippen nach vorn (dynamisch)	- Übungsausführung wie im Basic (s.o.) - zusätzlich mit einer Hand abwechselnd nach vorne über den Mattenrand tippen	3 Musikbögen: - 1 ZZ nach vorn tippen und 1 ZZ Arm wieder zurückziehen (10 Wiederholungen pro Arm) - 16 ZZ Pause - 10 Wiederholungen pro Arm auf ZZ 1-0-1 wiederholen	- Hüfte bleibt stabil, mitschwingen vermeiden - gleichmäßig weiteratmen
Variation 2 (zusätzlich wird die schräge Bauchmuskulatur traininiert)	Unterarmstütz mit Hüftdrehung (dynamisch)	- Übungsaufbau wie im Basic (s.o.) - Hüfte nun seitlich in einer Rotation Richtung Boden bewegen, zur Mitte zurückführen und zur anderen Seite senken	3 Musikbögen lang variieren zwischen: - 2 ZZ in eine Richtung senken und 2 ZZ wieder hochkommen (dann andere Seite) - 4 ZZ senken und 4 ZZ wieder hoch	- nur die Hüfte dreht Richtung Boden - Füße und Oberkörper bleiben stabil - von der Bauchlage zu nächsten Übung auf die Seite rollen
Kräftigung des Gesäßes und der Oberschenkelaußenseite	Beinheben Seitlage (Abduktoren) (dynamisch)	- Seitenlage - Kopf liegt auf nach oben ausgestrecktem Arm ab - das untere Bein drückt fest in den Boden zur Stabilisation - obere, gestreckte Bein nun nach oben abspreizen und wieder senken	7 Musikbögen lang variieren zwischen: - 2 ZZ heben und 2 ZZ senken - 4 ZZ heben und 4 ZZ senken - 3 ZZ heben und 1 ZZ senken	- einatmen beim Beinsenken, ausatmen beim Heben - Hüfte leicht nach vorne gekippt - die obere Hand kann zur Stabilisation vor dem Körper abgestützt werden
Variation zum Basic	Beinheben in Seitlage mit angewinkelten Bein (dynamisch)	- Übungsausführung wie im Basic - das zu hebende Bein 90° anwinkeln	3 Musikbögen lang: - 2 ZZ heben, 2 ZZ senken	- auch bei angewinkelten Bein bleibt der Körper bis zum Knie eine Linie

Hauptteil: 30 Minuten, mit Musik: 100- 120 bpm
Ziele: Verbesserung der motorischen Fähigkeit Kraftausdauer (und anteilig Koordination)

Ziel der Übung	Übungsbe-zeichnung	Übungsbeschrei-bung	Belastungs-gefüge	Bemerkungen/ Hinweise
Kräftigung der schrägen Bauch-muskulatur	Crunch schräg (dynamisch)	- in Rückenlage bei-de Beine angewin-kelt aufstellen - beide Hände seit-lich an den Schläfen halten - Ellenbogen sind abgespreizt - Grundspannung in Bauchmuskulatur aufgebaut - linke Seite des Schultergürtels bis zur Lendenwirbel-säule diagonal vom Boden aufrollen - linke Schulter nä-hert sich dabei rech-tem Knie an - wieder zurückrollen und das gleiche auf der anderen Seite wiederholen	10 Musikbögen lang variieren zwischen: - 3 ZZ aufrollen und 1 ZZ zu-rück - 2 ZZ aufrollen und 2 ZZ zu-rück - Pause mög-lich je nach Teilnehmer - 1 ZZ aufrollen und 1 ZZ zu-rück	- von Seitlage auf den Rücken rol-len - Kopf angehoben zwischen Kinn und oberen Brustbeinende eine Faustbreit Platz

Tabelle 3: Cool Down und Abschluss

Cool Down: 4 Minuten, mit Musik: ohne Beat
Ziele: Erhaltung der Beweglichkeit, Steigerung des Wohlbefindens, Regeneration einleiten, Ausklang der Stunde

Ziel der Übung	Übungsbezeich-nung	Übungsbe-schreibung	Belastungsgefü-ge	Bemerkungen/ Hinweise
- Dehnung und Lockerung der seitlichen Rumpf-muskulatur - Erhaltung der Beweglichkeit - Entspannung	Dehnung der seit-lichen Rumpf-muskulatur (sta-tisch) plus Hüft-schaukeln in der Mitte	- Rückenlage - Beine im Knie-gelenk anwinkeln - Arme 90° vom Körper abge-spreizt auf dem Boden - Dehnung ein-nehmen, indem die angewinkel-ten Beine zur Sei-te auf den Boden abgelegt werden - zurück zur Mitte, dort Knie mit Händen umfas-sen und die Hüfte locker schaukeln - dann andere Seite wie die ers-te dehnen	Einmal pro Seite 20 Sekunden hal-ten, in der Mitte 10 Sekunden schaukeln/ ku-geln	- gleichmäßig at-men - Schultergürtel bleibt permanent im Bodenkontakt

Cool Down: 4 Minuten, mit Musik: ohne Beat
Ziele: Erhaltung der Beweglichkeit, Steigerung des Wohlbefindens, Regeneration einleiten,
Ausklang der Stunde

Ziel der Übung	Übungsbezeich-nung	Übungsbe-schreibung	Belastungsgefü-ge	Bemerkungen/ Hinweise
- Dehnung der Wirbelsäulenumgebenden- und Brustmuskulatur - Lockerung und Entspannung	Kindsstellung (statisch)	- in den Vierfüß-ler-Stand kommen - Gesäß nach hinten auf die Fersen absenken und dort halten - Arme nach vorne gestreckt auf dem Boden halten - Stirn Richtung Boden, Nacken entspannt	Einmal 30 Sekunden halten	- Augen können geschlossen werden - gleichmäßig ausatmen und entspannen - nach der Übung vom Vierfüßler-Stand in den Kniestand kommen
- Dehnung der Hüftbeugemuskulatur - Lockerung - Vorbereitung um zum Stundenende wieder in den Stand zu kommen	Hüftbeugemuskulatur dehnen im Kniestand (statisch)	- vom Kniestand einen Fuß vor den Körper aufstellen, sodass das vordere Bein im Kniegelenk gebeugt ist und der Fuß vor dem Knie steht - hintere Bein liegt mit Knie und kompletten Unterschenkel auf dem Boden auf - Körperschwerpunkt nach vorn unten verlagern und Becken absenken, dort halten	Einmal pro Seite 20 Sekunden halten	- Oberkörper aufrecht und mit Händen auf dem vorderen Bein abstützen - kein Hohlkreuz - nach beidseitigen Dehnung über einen Ausfallschritt in den Stand kommen
- Dehnung der vorderseitigen Oberschenkelmuskulatur	Oberschenkelvorderseite im Stand (statisch)	- aus der Grundstellung wird mit einer Hand das gleichseitige, gebeugte Bein am Unterschenkel umfasst, sodass sich die Ferse auf Höhe des Gesäßes befindet - Dehnung einnehmen, indem das Becken gekippt und die Ferse maximal zum Gesäß gezogen wird	Einmal pro Seite 20 Sekunden halten	- Hüfte bleibt gerade, nicht eine Seite hängen lassen - Oberschenkel bleiben dauerhaft parallel zueinander - der freie Arm kann den Oberkörper ausbalancieren - Standbein leicht gebeugt

Cool Down: 4 Minuten, mit Musik: ohne Beat
Ziele: Erhaltung der Beweglichkeit, Steigerung des Wohlbefindens, Regeneration einleiten, Ausklang der Stunde

Ziel der Übung	Übungsbezeich-nung	Übungsbe-schreibung	Belastungsgefü-ge	Bemerkungen/ Hinweise
- Dehnung und Lockerung der Schulterblattfixa-toren - Erhaltung der Beweglichkeit - Entspannung	Schulterblattfixa-toren dehnen im Stand (dyna-misch)	- aus der Grund-stellung Hände vor dem Körper verschränken und Arme in Schulter-höhe nach vorne strecken - Dehnung ein-nehmen, indem die Schulterblät-ter aktiv weg von der Wirbelsäule (WS) nach vorne gezogen werden - Kopf zusätzlich nach vorne nei-gen - Schulterblätter ein Stück zurück zur WS führen und Kopf leicht anheben zur Lo-ckerung der Deh-nung	40 Sekunden lang dehnen und lösen im Wechsel	- wenn die Hände vom Körper weg-ziehen ausatmen, beim Lockern ein-atmen - Schultern blei-ben tief - zwischen weg-ziehen von der WS und leicht zu-rückführen mit der Atmung dyna-misch wechseln
- Entspannung und Lockerung - bewusste At-mung und Aktivie-rung Teilnehmer zum Stundenen-de	Tief ein und aus-atmen mit Stre-ckung hoch und fallen runter	- Beine stehen et-was breiter als hüftbreit und sind leicht gebeugt - beim Einatmen Arme über den Kopf lang nach oben strecken - beim Ausatmen die Knie beugen und Oberkörper, sowie Arme nach unten kippen	Mehrfach in 30 Sekunden jeder Atmung hoch und runter	- oben richtig lang strecken: Blick-richtung Hände - unten locker und entspannt hängen lassen

Abschluss: ca. 1 Minute, ohne Musik
Verabschiedung der Teilnehmer, Danken für die Teilnahme, Aufräumen, evtl. Informationen über Angebote und Aktionen im Studio

Tabelle 4: Details Grundstellung und Muskulatur

Übungsbezeichnung	Beanspruchte Muskulatur
Kniebeugen im Stand	- M. glutaeus maximus - M. quadriceps femoris - M. biceps femoris - M. semimembranosis - M. semitendinosus
Butterfly reverse im Stand	- M. trapezius pars transversa - Mm. rhombodei - M. latissimus dori - M. supraspinatus - M. infraspinatus - M. teres minor - M. deltoideus pars spinata
Wirbelsäulenrotation im Kniestand	- Mm. erector spinae - M. obliquus externus abdominis - M. obliquus internus abdominis
Vierfüßler-Stand: diagonales Arm und Beinheben	- Mm. erector spinae - M. deltoideus pars spinata - M. glutaeus maximus - M. biceps femoris - M. semimembranosus - M. semitendinosus
Unterarmstütz	- M. quadriceps femoris - M. iliopsoas - M. obliquus externus abdominis - M. obliquus internus abdominis - M. rectus abdominis - M. transversus abdominis - alle Schulterblattstabilisatoren - alle auf das Schultergelenk einwirkenden Muskeln
Beinheben Seitlage (Abduktoren)	- M. glutaeus medius - M. glutaeus minimus - M. tensor fasciae latae
Crunch schräg	- M. rectus abdominis - M. obliquus externus abdominis - M. obliquus internus abdominis - M. transversus abdominis

Was kennzeichnet die Grundstellung?
- Fußgelenke unter den Hüftknochen positioniert
- ganzer Fuß hat Bodenkontakt und ist auf Ferse und Fußaußenkante belastet
- Knie sind leicht gebeugt und stabil
- Powerhouse (Bauchmuskulatur, Beckenboden und untere Rückenmuskulatur) ist angespannt
- Schultern zurück und tief rotiert/ gezogen
- Arme hängen neben dem Körper
- Handflächen zeigen zum Körper oder leicht nach vorne
- Blick geht geradeaus

2   Durchführung des Workout-Kurses

Bei der Durchführung des Kurses wurde ein Ausschnitt aus dem Hauptteil gefilmt. In der Tabelle 2 wurde dieser Teil der Übung blau markiert. Die Zählzeiten und das Tempo der einzelnen Übungen werden von Kursstunde zu Kursstunde leicht variiert, um bei bekannten Übungen etwas Abwechslung mit reinzubringen.

Durch die Komprimierung auf 100 MB hat leider deutlich die Videoqualität abgenommen und das Bild wurde leicht unscharf bzw. verpixelter. Es sind jedoch alle Teilnehmer und Übungen zu erkennen.

3   Abbildungs- und Tabellenverzeichnis

3.1 Tabellenverzeichnis

Tabellenverzeichnis

3.2 Abbildungsverzeichnis

Abbildungsverzeichnis